JN411226

다선 김승호 시집 5

꽃 시인, 詩는 자연과 벗하는 사랑이다

꽃 시인,

詩는 자연과 벗하는 사랑이다

다선 **김승호** 시집

도서출판 **다선**

머리글

다선 김승호 시인

아침저녁으로 찬바람이 불어오기 시작하는 가을의 문턱에서 다시금 해를 넘겨 5집을 출간하게 되었습니다.

살아오면서 상상치도 못했던 길을 묵묵히 10여 년 걷다 보니 어린 시절 가졌던 꿈이 현실이 되고 가야 할 길을 찾게 되어 나날이 발전하고 노력하는 나 자신을 보며, 살면서 알지 못했던 보람과 기쁨을 새로이 느끼게 됩니다.

지난 시절 철없이 방황하던 기억도 지금은 글의 재료가 되어, 어렵던 시절과 아픔을 포장하고
미화하는 데 그치지 않고 삶을 승화하는 데 도움이 되기도 합니다.

주변의 도움과 격려와 채찍들이 날 선 펜촉으로 다가오기도 하고 선배와 멘토들의 이야기와
꾸중이 교훈으로 다가서기도 한다는 사실을 느끼게 되고 보니…

아마도 이것이 사람이 살아가면서 성장하는 과정이라는 것을 알게 됩니다.

누구나 이만큼 살다 보면 지나온 자신을 되돌아보기도 하고 또 다른 시야와 견문을 넓히고자
노력하게 되겠지요.

개인 시집을 다섯 번째 내다 보니 독자님들의 평이 어떨까 싶은 두려움과 떨림이 있습니다. 다만 시인으로서 매 때, 매 순간을 나름의 시어와 일상의 이야기를 편안한 마음으로 내어놓게
되는 보람도 감사함으로 다가옵니다.

부족하고 미천한 詩이기는 하지만 누군가에게는 소중하고 위로가 되는 글이기를 바라보면서
무조건 감사하다는 마음뿐임을 전합니다.

계절의 변화처럼 늘 아름다운 작가로 살아가며, 독자와 공감하고 소통하는 삶을 살아가고자
노력하겠습니다.

2023. 9.

다선 김승호 올림

축사

무원 도창회 문학박사
(전 동국대학교 교수)

무덥고 지난했던 여름날이 지나가고 어느 틈엔가 가을이 다가설 때, 다선 김승호 시인의 5집이 발간된다는 소식을 접하고 반가움에 서평 겸 축사를 맡겠다고 말했다.
노년의 시간들이 내겐 무료할 틈도 없이 분주하기만 하지만 봄날에 아내를 먼저 천국으로 떠나보내고 나니 그 허전함과 마음 쓰림이 더욱 깊어지기만 한다. 그런 중에도 다선은 장례부터 지금까지도 물심양면으로 노객을 공경하고 바쁜 가운데도 식사를 대접하는 등 신의와 의리를 저버리지 않고 보살펴 주니, 내가 할 수 있는 것이 글 쓰는 자로 글로써 보답코자 마음먹은 까닭이다.

시인은 참으로 사랑의 표상이며, 나라사랑이 깊은 사람이다. 누가 뭐라 해도 다선 김승호는 시인으로, 작가로, 언론인으로 쉼 없이 꾸준히 노력하고 열심히 실천하며 행동하는 시인이라는 사실은 자타가 공인하는 바라 할 수 있다. 구순을 바라보는 나이를 살아오면서 저리도 심지가 굳고 열심인 사람 성실하고 근면한 재주꾼은 본 적이 없기에 다선을 대하는 마음은 항상 기쁘고 자랑스러울 뿐이다.
'꽃시인' 이라는 별칭을 갖고 있기도 한 김승호 시인은 내가 젊다면 해보고 싶은 유튜브나 SNS에서도 활동을 하는 정도가 아니라 매일 하루도 빠짐없이 10여 년 동안 변함없이 창작을 해온다는 사실만으로도 대단한 시인이라고 생각한다.

그의 시 세계는 누구나가 부담 없이 읽을 수 있는 편하고 쉬운 시어가 특색이다. 평생 거의 70여 년을 창작을 해온 나 역시 매일 시를 쓴다는 건 엄두를 못 내는 일인데 더욱이 민족시, 수필, 평론까지… 그의 예술성에 감탄할 수밖에 없다. 꽃시인의 제5집 『시는 자연과 벗하는 사랑이다』의 초고를 읽으며, 천생 시인이라는 감탄과 감격을 하게 되었다.
김승호 시인이 가고자 하고 뜻하는 시와 문학의 길에 서광과 하늘의 은총과 축복이 늘 함께하기를 기도한다. 또한 이번에 그의 뜻에 공감하여 '을목도창회문학상' 을 제정하게 됨을 이 지면을 빌려 축하하고 감사한 마음을 전한다.

끝으로 많은 문우들이 그의 진정성을 따라 배우고 정진하는 계기가 되었으면 하는 바람을 가지며, 다시금 시집 출간을 진심으로 축하하고 격려 드린다.

2023년 9월

무원 도창회

차례

1장 시인의 자연

2장 자연과 벗하며

3장 사랑은 시로 승화되다

1장 시인의 자연

⋮

국화꽃 피어 / 나도 백일홍 / 수박 / 거꾸로 집 /
탱자나무 / 장미의 사랑 / 백짬뽕 / 기웃거리는 자 /
코스모스처럼 (1) / 숲에서 / 채계산에서 / 노고단을 보며 /
채송화 / 어쩌다 보니 / 여수의 밤 / 흐르는 물처럼 /
부겐베리아처럼 / 연꽃마을에서 / 하얀 비둘기 / 수국 피어나 /
주님 오소서 / 연꽃 / 폭염 / 오솔길 따라 /
러브 버그 / 물레방아 도는데 / 하늘이시여

국화꽃 피어

사람이 살면서
꽃으로 필 수 있다면,
국화꽃으로 피어나도 좋겠습니다

마음 한구석에 활짝 핀
국화 한 송이 피우는 그런 사람
세상에 가득했으면 좋겠습니다

향긋한 향기에
상대를 위로하고
마음도 치료하는
국화꽃 필 때 그런 세상
어서 오라고 외치는 듯 느껴집니다

당신이 그런 사람이면 좋겠습니다

나도 백일홍

피어난 이곳이
내가 살아야 하는 세상
후미진 길목 가장자리이지만
난 행복하렵니다

비록 작고 볼품없는
모습일지라도 난 백일홍이니까요

초라히 홀로 피었어도
말동무도 있고
스쳐 지나는 세월 속에
예쁘다는 이도 있지요

그렁그렁 눈물 고일 날도 있지만
해님 방긋 비추면
나도 배시시 웃을 수 있어요

오늘도 그대 생각하며,
열심히 살아 보렵니다

나도 백일홍이니까요

수박

더운 여름날 피서지에서
마주한 수박 한 조각은
그 달콤함이 더해 감칠맛

너도 나도 한 조각씩 나누는
인심이 인사가 되고
속 깊은 정 나누듯
빨간 속살 아낌없이 전하는
그대는 사랑이어라

오는 정 가는 정
교차하는 한여름의 수박 맛
잇몸 사이로 보이는
흐뭇한 미소가 정겹습니다

여러분도 오늘 같은 날
수박 한 덩이 하실래요
정겨운 정 한 덩이 나누이소
오손도손 정겨움 나눠봤습니다

거꾸로 집

살면서 거꾸로 된 집은
처음 봅니다

맑은 여름날의 폭염도
잠시 스치는 바람도
우리의 삶은 바르게가 이치인데…

요즘 같은 혼란과 거짓된 도덕과
자유 공정 원칙이라는 허언 앞에
세상이 거꾸로 뒤집힙니다

누구를 탓합니까
도대체 누가 이따위 세상으로
도탄과 참혹을 만든 걸까요

아매네 카페의 거꾸로 된 집은
우리의 현실과 생각을
되짚어 보게 하며
기분 좋은 즐거움을 줍니다

오늘도 모두가 그런 날
되시길 기도합니다

* 아메네: 라틴어, '기분 좋은, 즐거운' 이라는 뜻

탱자나무

오래된 탱자나무를 만났습니다

사백 년 세월을 지켜온
강회도 사기리 탱자나무를 보며,
옛 선조들의 지혜와 왜구를 지킨
이야기를 돌아봅니다

어쩌다가 이 시대에
이런 논쟁거리도 될 수 없는
이야기에 아픔과 슬픔을
느껴야 하는
서글픔을 안아야 하는지

탱자나무의 빼족한 가시가
손끝에 닿는 순간
가슴이 시려왔습니다

강화도에는 볼거리도
먹을거리도 순교자의 흘린

피의 역사도 모두가
배워야 하고 새겨야 할 사연이고
교육의 장이었습니다

지금은 흔치 않은 예전에
탱자나무 울타리가 어느 틈엔가
목을 타고 입으로 노랫말 되어
흘러나오고 있었습니다

이제 시련의 세월을
모두가 접었으면 좋겠습니다

장미의 사랑

하늘은 뜨겁고
마음은 달뜨고
소곤소곤 가족과의 대화와
가슴에 위로로 다가섭니다

모두가 힘들고 아파도
그 아픔과 슬픔으로 똑같이
느낄 수는 없기에
잠시나마 떠난 길에서
장미의 사랑을 보고 느끼고
나누었습니다

덤불 위로 치솟은 장미의 모습
가족 수대로 명칭을 정하며,
정열과 사랑 열정이라는 꽃말처럼
그렇게 아름답게 살자고 말합니다

백짬뽕

흰 국물의 매콤 시원한 맛
해장국보다도 정갈하고
감칠맛 나는 강화도의 명물
바로 금문도를 찾았습니다

한번 맛보면 잊을 수 없는 그 맛
오늘은 고구마튀김 올라간
간짜장까지 맛을 더했답니다

탕수육에 순무채 썰어 유자청
소스의 비법으로
입맛을 새롭게 하는 셰프의 비결은
소비자에 대한 진솔한 사랑
풍성한 정성과 정직한 존중이라
느낄 수 있는 신비하고
흐뭇한 맛입니다

가득 찬 손님과 줄 서며 기다리는
번거로움에도 찾는 이유는

정성과 다른 곳에서는 맛볼 수 없는
미각이 느껴지는 색다른 맛
바로 참사랑의 비결입니다

기웃거리는 자

뭐 하나 바른 것이 있을까
이리저리 기웃거리는 이들

뭐라도 하나 얻어 보겠다는 욕심
아니 그것은 탐심이라

세상사 쉽사리 구할 수도
얻을 수도 없건만
획 훑어보고 제 것인 양
베껴볼 심산이다

기웃거리는 자는 오늘도
여기저기로 제 글 하나 못 쓰고
연신 기웃거리며, 도적질한다

아서라 말아라
참 서글픈 세상이구나

당신은♥나의봄입니다♥

코스모스처럼 (1)

노란 꽃술 달고
빨갛게 꽃이 피었습니다

푸른 하늘 아래 피어난 꽃은
어느 틈엔가 내 눈으로 코로
녹아 들어와 더 붉은빛으로
꽃을 피웁니다

온통 흐려진 하늘에는
먹구름 가득하고
금방이라도 쏟아질 듯한
빗물이 가슴 타고 뚝뚝 떨어지는
이 순간에 당신은 초록 풀잎으로
단장하고 콧소리 흥얼거리며
마실을 나갑니다

악몽도 잠시 흘린 입가의 침
꿈속의 그 모습도 마음도
그림자처럼 변해 억지로

기억하고 싶지 않아 합니다

코스모스 외로이 혼자 피었어도
오늘도 힘차고 밝은
미래를 기약하며, 살아갑니다

숲에서

숲은 언제나 마음을 품고
당신이 나를 안아주듯이
깊은숨으로 안아줍니다

숲으로 가다가 사이로 보이는
바닷가가 나를 오라
손짓을 합니다

바다도 숲과 같은 어머니의 품
드넓은 그 깊이와 넓이를
알래야 알 수가 없는
당신의 품과 같습니다

세월 이만큼 오고 보니
가끔 그 품이 그립고 안기고 싶어
숲과 바다를 찾는가 봅니다

숲에서 그리며, 느끼는 당신은
형용할 수없이 커다란

사랑의 종착지입니다

오늘은 세상 그 누구보다
어머니 당신의 품이 큽니다

채계산에서

장수의 하늘에는
달 아래 비녀 꽂은 여인의
사랑에 전설이 있었습니다

산과 산을 사이로 둘러쳐진
출렁다리에 오르니
그친 빗물이 고인 나뭇잎에서
낙숫물이 떨어집니다

오르고 내리는 가파른 계단에서
마주하는 전설과 자연의 풍광
그곳에는 견우와 직녀는 아니지만
장군과 여인의 사랑 이야기가 남아
오가는 이들의 낭만을 자극합니다

사람 사는 세상에는 없을 수 없는
반듯이 있어야 하는 사랑
그 사랑이 피어나고
서로가 서로를 존중하고

아끼는 아름다운 이야기가
꽃 피어나는 세상을 소망해 봅니다

노고단을 보며

비가 내리고
하늘이 울고불고 장맛비에
사람만 우는 것이 아니라
자연도 울고 있었습니다

어쩌려고 이러나
시대의 아픔만큼이나
나라가 온통 울고 있습니다

누구의 탓도 아닙니다

우리들의 어리석음 탓이라
말하는 독재 정권의 탓이라
그럼에도 불구하고
누구 하나 책임지는 이가 없습니다

노고단의 구름 덮인 모습
그 속에서 빗줄기 이상의
솟구치는 울분을 그저 넋 놓고

지켜보고 말없이 속앓이만
애태우며, 탄식하고 있었습니다.

나라와 백성들이 신음하고
정신적으로 피폐해 가고 있습니다
모두가 절규하고 있었습니다
그렇게 새날이 오기를 소망합니다

채송화

어린 시절 어느 여인의 손톱에
곱게 물든 채송화

빛깔도 곱고
선명한 마음으로
머리 쓰다듬어 주던
그 손길이 생각납니다

어린 시절이란 늘 그렇게
그리움으로 다가서는
꼬깃꼬깃 구겨진 채 주머니
한구석에서 언제고 꺼내볼 수 있는
추억으로 자리합니다

오늘도 비가 내리는 오후
갑자기 꺼내든 추억의 사진에서
채송화가 곱게 피어납니다

아마도 지나간 기억 속에

여인은 어머니가 아닌가 싶습니다

어쩌다 보니

오동도를 찾았습니다

숲 따라 길 따라 이곳저곳
거닐다 보니

바다도 숲도 보았습니다

절개의 대명사가 논개
동백꽃처럼 활짝 피는 절개
숲에서 등대도 용굴도 보며,

그러다 동백숲에서 길을 잃고
부는 바람에 눈감으니
새소리와 파도소리에
붉게 핀 핏빛 동백꽃 보았습니다

여수의 밤

깊어지는 밤바다에는
빛으로 출렁이는 그리움이 쌓여
일렁이는 설렘처럼 두근두근합니다

그날의 밤과 다르다는 생각
바다는 오늘은 또 다른 내일이라고
외치고 있었습니다

그대의 흐려진 기억 속에
내 존재는 어둠처럼 사라져 가고
빛나는 여수의 밤바다는
새로운 기억으로 우리의 내일을
글로 써 내려가는
우리의 사랑으로 채워집니다

여수의 밤은 그렇게 날마다
새로운 추억으로 꿈틀거리는
낭만의 거리로 오늘을 깨우고
내일을 맞이하는 사람의 거리입니다

그대여 오늘도 내일의 꿈을
키우는 여수에서 만납시다

흐르는 물처럼

세상에는 낯선 사연들이 많아
그저 바라본다는 것도
관심을 갖게 되는 것도
이전과는 다릅니다

주변의 험난한 질책도
낯모른 이에 질풍 같은 도전도
누구나 자신이 방어해야만 합니다

이전에 볼 수 없었던
이상한 성격이나 성향도
상대의 방어로도 막아내기 힘든
그런 세상이 되었습니다

하지만 두려움보다
흐르는 물처럼 순리와 이치에 따라
살아간다면, 정상과 비정상의 차이를
이겨낼 수 있을 것입니다

오늘 힘겨움이 있다면,
호르는 물소리에 발 담그며
잠시 나를 바라보는 시간
가져보면 어떨지요

자연이 주는 고요와 풍성함으로
마음을 정돈해 보는
고운 오늘을 간직해 봅니다

부겐베리아처럼

분홍빛 진한 꽃잎의 화려한
자태가 아름다운 여름날

꽃은 나를 보고 웃고
나는 꽃을 보며,
싱그러운 여름을 엽니다

열정이라는 꽃말 그대로
꽃은 새하얀 별을 속에 품고
자라납니다

오늘도 당신의 평안을 빌며
그렇게 꽃으로 피어나는
부겐베리아는 우리에게
소망과 함께 피어납니다

날이 맑아도
때론 흐려도 우리에겐
열정의 별이 피어날 거라

굳게 믿고 있으니까요

연꽃마을에서

연꽃 피어나면 이쁜 곳
그저 꽃이니까
아름답고 꽃이라서
반갑고 황홀해지는
그대를 닮은 연꽃이 보고 싶어
찾았습니다

지난주보다는 조금 더
많아진 꽃봉오리로
보란 듯 뽐내지만
아직은 시기가 안 맞는 듯

새로운 주에 다시 찾겠노라며
발길을 돌리지만
내 마음은 그 자리에 두고
피어날 연꽃과 사연 바라기를
하기로 해봅니다

연꽃과 함께 피어날

당신의 환한 미소를 기약하면서요

하얀 비둘기

잠시 짬이나 주변의 공원을
찾았는데
많은 사람보다는
비둘기가 더 많았습니다

찌는 더위는 아랑곳하지 않은 채
나뭇가지에 도도히 앉은
하얀 비둘기 한 마리가
내 가슴에 들어옵니다

무리 위에서 아래를 보며,
아마도 동료들의 평안을 지키는
여왕처럼 돋보인 모습과 자태
내게 다가선 내 안에 존재하는
평화의 상징을
그대와 함께 나누고 누리려네

우리 모두가
비둘기와 같이 평화로운

나날이기를 바라봅니다

수국 피어나

곱고 하얀 수국이 피어나
세상도 삶도
사람도 평안키를 바라봅니다

기진 것 없어도 포근한 정이 있고
나눌 것 없어도 서로를 배려하는
이치에 맞지 않는 것은
돌아보지 않는 정의와
옳지 못한 것은 구분할 수 있는
믿음이 있었으면 좋겠습니다

하늘 아래 피는 수국꽃처럼
풍성한 사랑이 세상 가득
담 넘어 울타리 건너
국경 넘어 온 땅과 산야로
평화로 피어나는 수국처럼
환하게 꽃피웠으면, 좋겠습니다

그대 마음도 환하게

변화되는 기적 이루어지게요

주님 오소서

마라나타 주님 오소서
7월의 푸르름 사이로
주님의 마음을 헤아려 봅니다

세상의 부조화가 온 땅에 덮여도
우리 믿는 자들의 나아갈 바를
밝히시는 햇살과 바람
계절의 필요성으로
주님 살아계심을 알 수 있습니다

오늘은 어제와 다름으로
노력과 기도로 결실의 열매를
맺게 하시는 주님

세상의 허탈함에 낙망치 않는
굳은 믿음을 우리에게 허락하소서

지친 비에 젖어 방황치 않는
기도하는 주의 백성들을 기억하소서

이 땅을 위해 순교의 피 흘리고
헌신으로 자신을 바친 애국 애족,
민족주의자들과 선교사들의 넋을
위로하소서

마라나타 주님 오소서
우리를 죄악의 사슬에서
구원하소서 아멘

연꽃

피어날 시기가 된 듯하여
찾아보니 아직은 꽃대만
내 자존심처럼 우뚝 솟았습니다

지나간 시간이 그리운 건
기다림이 길어진 까닭인가 봅니다

세상사 어수선한데
마음은 가눌 길 없고
해 떨어진 천생연분 마을은
찾는 이 아무도 없이
나를 기다렸다는 듯
반갑게 맞아줍니다

아마도 연꽃도 나도
한마음인가 봅니다

폭염

뜨겁게 찌는 듯 푹푹
날씨도 더위도 자외선도
내 몫이어라

그래도 태양이 이쁘다
올려다보며, 말했습니다
참 이쁘다고
대지에 모든 것을 말려 버릴 듯
그대는 나를 벗게 만든다고

겉옷 벗어 손에 드니
그것도 수월치 않아
더워도 입고 버티는 게 낫네

구름이 가려 주려나
찌는 더위에 숨이 턱 막힙니다

하긴 그래야 여름이지
이만하니 참 다행이다 싶습니다

잘 견디면, 좋은 계절 올 테니까요

오솔길 따라

비만 아니면 저 길을 걸어
비밀의 숲 안으로 들어가 보련만
촉촉이 젖은 돌계단 밟아 보고 싶은
마음 아는지 윤기가 미끄러워 보인다

삶은 늘 무언가에 대한
도전이 아닐까

새로운 것을 보면 향하는 궁금증
그리고 또 다른 도전이리라

오늘 내 앞에 펼쳐진 길을 따라가듯
한 걸음씩 나아가는 노력을 하면
언제고 다다르게 될 정상
그곳이 최고가 아니라도
최선이라면 난 그 길을 가리라

성취와 보람이라는
무지개다리 위에 서는 그날

천국의 계단도 걸을 수 있을 테니까

러브 버그

작년에 만났는데
올해는 수도권 전 지역에서 만난다

그새 많은 사랑을 나눈 까닭인가

익충이라 자연에는 좋다지만
늘 붙어 있으니 혐오스럽다고
사람들이 싫어한다

그래 아무리 좋은 것도 몰라서
판단하고 선입견으로
대하다 보니 징그럽고 싫을 밖에

사람도 세상도 그런가 보다
진국이나 진심을 모르니
찐타령만 하는 것 아닌가

보기는 흉해도 익충이니
더군다나 사랑 벌레이니 이제라도

사랑스럽게 보아야지
빗줄기 거세지니
어느새 모두 사라졌네

사람 중에도 러브 버그 같은 이가
있었으면 좋겠다

물레방아 도는데

시간 따라 바람 따라
물길 따라 도는 것이 물레방아

그렇게 인생이 세월 따라
흐르고 도는 것인가 보오

어린 시절 기억 저편에서
유행가 가사 흥얼거리던
아이는 어느새 중년이 되어
코 흘려내리던 시절 추억을 하고
덧없이 흐른 세월 앞에서
미련도 아쉬움도 없이 때를
놓친 마음을 탓하네

물레방아 돌고 돌아 시간 흐르면
그 시절 그리움에 추적추적
내리는 빗줄기도 눈물 되나니
고뇌하고 되짚어 보는 인생사
돌아보니 서러울 것도 아린 것도

내 탓이라 내 탓이어라

변하는 시대와 인생의 남은
시간들이 알알이 베어나는
내일을 다짐하며, 돌고 돌아
방아 찧던 옛이야기에 새벽녘에
잠을 청하는구나

하늘이시여

변함없이 해가 뜨고
구름은 흐르는 세월 같습니다

언제 비가 와서 인명과 재난을
앗아 갔냐는 듯 보란 듯이
찜통더위를 선사합니다

슬픔과 아픔을 추스르기 위해
수색에 나갔던 아들이 수마에
휩쓸려 실종했는데
물에 들여보내며, 구명조끼조차
착용치 못했습니다

목 놓아 자식을 부르는 어머니의
외침이 통탄할 노릇입니다

온 나라가 수해복구로 피눈물과
땀방울로 범벅인데
위정자와 권력자들이 무법천지

제멋대로 제 생각만 합니다

하늘이시여
하늘이시여
저들을 용서하여 주소서

국민의 혈세를 제 주머니의
단감인 줄 알고
펑펑 멋을 내고 돌아치는
최소한의 양심조차 없는
저들의 몰염치를 하늘의 불기둥으로
혼쭐내어 주소서

정신이 번쩍 들도록 회초리를 드소서
국민이 주인인 나라 세워주소서

2장 자연과 벗하며

⋮

일영유원지에서 / 능소화 / 살구나무 / 루드베키아처럼 (1) /
벚꽃처럼 / 소나무에게 / 능소화처럼 / 연꽃 피려나 /
만세 안녕 / 팔영산에서 / 고흥에서 / 수레국화처럼 /
금계국 필 때 / 열매 / 산철쭉 / 청명한 하늘 /
라벤더 하늬팜에서 / 달맞이꽃 보니 / 코스모스처럼 (2) /
양귀비 꽃밭에서 / 한적하니 좋아요 / 꽃 피니 내가 핍니다 /
달맞이꽃 / 비엔나 인형 박물관 / 금계국 피어난 길 /
루드베키아처럼 (2) / 주님 이 땅의 정의를 세우소서

일영유원지에서

일을 위해 찾은 곳
양주에서
잠깐 흐르는 물소리에
갈 길을 멈추어 보니
평소 보지 못했던 운치와
정경이 마음을 사로잡는다

낮이 길어 시간 가는 줄 모르고
돌다리에 걸터앉아
이런저런 상념에 잠기다 보니
오늘도 참 분주히 살았구나 싶다

두루미 살며시 내려앉은
이곳이 천국이라는 생각
입 다실 거리는 없어도
마음 다실 것은 가득하니
글 쓰는 이가 무엇이 부족하리오

아무도 없는 냇가에서

더듬어 지나는 차들을 간혹
지켜보는 마음도
또 다른 내일을 위한 충전이 되는구나

능소화

붉게 피어난 꽃이 새롭다
색상마다 느낌과 감성이 다르다

그래서일까
능소화 붉게 핀 모습이
마음에 깊게 다가온다

긴 기다림이 서글플 만도 한데
오히려 빛까지 발하며
자극적이다

언제 기다렸나는 듯이
새빨간 입술 내세우며
사랑은 기다리는 것이 아니라
찾는 것이라고 말하듯
오늘 본 능소화는 도발적이다

살구나무

나무라고 과실을 맺는 것은 아니다

옛말에
될성부른 나무 떡잎부터
본다는 말이 있듯이
나무나 사람이나
그 소양과 성질에 따라
차이가 있는 것이리라

살구나무를 보면
아버지가 생각난다

빛바랜 사진조차 남기지 않으신
그래서 내가 그리도
사진 찍기를 좋아하는가 싶다

아버지 심어 놓으셨던
살구나무와 버찌 나무를
생각하며, 그리움을 달랜다

그리고 문득 참 많이 아쉽다
부모님 살아계실 때
섬기기 다 하여라
그래도 떠나시면 후회로 울 테니

루드베키아처럼 (1)

매일 피어나는 꽃은 없습니다
누군가 세상을 아름답게
살아간다면 가능합니다

그 가슴에 사랑 꽃피운다면,
매일 피어나는 웃음꽃으로
가득 찬 인생일 테니까요

그래서 시인은 매일 꽃을 피웁니다
오늘은 루드베키아처럼
곱게 사랑스럽게 피어나듯
세상을 사랑할 테니까요.

당신도 할 수 있습니다
우리도 할 수 있습니다
루드베키아처럼 그렇게 피어납니다

벚꽃처럼

왠지 모를 설렘처럼
다가오는 느낌 사이로
철 지난 벚꽃이 떠올랐습니다

그리 곱고 아름다운 미소가
낯설지 않은 반가움으로
다가서기가 쉽지 않은데
활짝 핀 벚꽃처럼
속살 내어 보이듯이 꽃술에
향기까지 코끝을 간질입니다

지는 꽃이 아닌
새로이 피는 꽃과의 만남
그것은 스치는 인연이 아닌
오래도록 행으로 나아가는
운명처럼 느껴졌습니다

오늘 모두의 가슴에
철 지난 추억의 나래들이

춤추듯 피어 날아오르는
행복한 날이기를 기도합니다

소나무에게

꽃피우지 않아도 좋아
그저 늘 푸르게 세상 살아가는
소나무에게 말했습니다

거짓과 진실
둘 중에 하나를 택하라면
아무리 큰 기쁨과 영광을
안겨준다 해도 진실의 편에
서겠노라고 그렇게
독야청청하리라고 말입니다

늦은 밤 찾은 카페에서
불 밝힌 조명과 어우러진
소나무에게서 그런 느낌을
받았습니다

하루가 이만큼 온 것처럼
미래도 어제 못지않은 노력으로
열심히 살겠노라고 다짐합니다

우리의 내일은 그렇게
흐르는 시간만큼 자라나는 거라고
말해주고 싶었습니다

능소화처럼

어느새 피어난 능소화가
오늘따라 곱고 기쁘게 보입니다

슬프니까 그리우니까
기다리다가 꽃이 되어 버린
사랑의 사연도
이제는 세월이 지나고
시대가 바뀌고 보니
아름다운 추억이라고 이야기하듯
능소화가 웃고 있었습니다

해마다 그 자리에 피어나는
능소화처럼 오늘따라 기쁜 건
오늘의 나의 마음가짐이겠죠

활짝 핀 능소화 따라서
우리도 오늘은 좋은 생각 좋은 말
가슴 설레게 기쁜 오늘이
될 것 같습니다

사랑합니다

연꽃 피려나

때가 되어서 찾은
연꽃밭에 꽃은 아직 피지 않았지만
꽃대가 올라오고 있었습니다

밤하늘도 어두워 라이트를 켜고
애써 사진으로
담으면서 마음은 이미 꽃을
본 듯합니다

봉오리 새순이 펼쳐질 그날
예쁜 사랑처럼 피어날
우리 기쁜 마음을 새겨봅니다

연꽃 활짝 피어날
그날 다시 찾겠노라며,
삶에 희망을 노래하는
오늘이 감사할 따름입니다

만세 안녕

세월의 흐름은 어쩔 수가 없나 봐요

차우차우종 만세가
헉헉거리며, 나를 반깁니다

슬며시 다가와 등을 들여밉니다

쓰다듬어 달라는 걸 알지만
쓰다듬어 주지 못했습니다

사실 나도 무릎도 아프고
몸도 마음 갖지 않은 까닭입니다

애처로워 보이는 만세가
듬직스레 다가와 준
것만도 고맙습니다

그렇게 인사만 나누고
돌아와 보니 왠지 미안합니다

만세야 미안해

다음번에 쓰다듬어 줄게

그때까지 안녕~

팔영산에서

숲이 있어서 찾은 것이 아니었다

자연휴양림이 있고
편백의 숲이 있고
어느새 그곳은 치유의 숲이 되어
사람이 찾아드는 곳이었습니다

산 아래 계곡으로
물이 쏟아지듯 흘러내리고 있어
새롭고 높은 곳까지의 길은
고불고불한 숲의 휴식처요

찾는 이의 쉼터 같아
차 창문을 열고서 피톤치드를
실컷 깊은 호흡으로
들이켰습니다

여덟 개의 봉우리마다
어떤 사연이 있을지

알아보고 싶어지는 그곳은
찾는 이에게 활짝 열려
누구나 찾아 누릴 수 있는
아름다운 고흥의 산이었습니다

고흥에서

그곳 어서 만난 갈매기 한 쌍
파릇파릇 바다가
마치 광활한 들판을 보는 듯
아름다운 섬들이 떠있었습니다

바다를 보면
고향 바다가 떠오르는 소년 같은
중년의 신사가
왠지 모를 그리움으로
누군가를 애타게 찾듯
그렇게 바다를 그리워합니다

섬섬옥수 같은 하얀 포말 사이로
그려진 네 모습이
바다에 꽃으로 피어난
섬들의 고향 고흥
살며시 놓인 빈 의자에 앉아
하늘 한번 바다 한번
반복하며, 아름다운 바다를

가슴 깊이 새겨봅니다

수레국화처럼

보랏빛으로 물든 꽃잎에
마음 띄워 편지를 씁니다

더위에 찌든 맘
생활에 짓눌린 맘
세상사 현실에 탓하는 군상
내어 버리듯 떠나는 시간

문학의 끈과 사람의 정을 담아
기행 삼아 여수 밤바다

놀러 온 것 아닙니다
사람과 사람의 경계를 넘어
도리와 신의를 지키기
위함입니다

곱게 핀 수레국화
우리를 보며, 방긋 웃음 지으며
자신의 꽃말 행복을 선물로 줍니다

금계국 필 때

고마워, 미안해, 덕분이야
그렇게 말했습니다

너무도 밝게 피어 미소 짓는
금계국이 마치 연인처럼
내게 다가섭니다

낮달이 떠오르듯
불그스레한 볼처럼
노랗게 피어난 그대

햇살 눈부신 여름날
꽃보다 예쁜 사람들에게
금계국이 반가이 가슴에
피어오르기를 바라봅니다

열매

누구나 자신의 삶을 통해
무언가를 이루고자 합니다

그에 따른 크기나
목적은 각기 다르겠지만
작은 열매를 보며
작은 것부터
하나 또 하나 이루어 가는
상상을 현실로 만들어 가는
그것이 꿈이고 실체라는
생각을 합니다

한순간에 이루지도 못할
큰 것에 대한 헛된 욕망보다
작은 것의 실천으로
이루어가는 꿈과 같은 결실
무엇이든 노력과 실천으로
한 계단씩 오르는 내일을
지속하면 결국 최고가 되어 있는

현실 속 자신을 만나게 되는 것처럼
자연의 열매도 오늘은 작지만
내일은 자라나 있을 테니까요

함께 자라는 길
같이 걸어 보자고 말합니다

산철쭉

이렇게 촘촘히 핀 철쭉
보신 적 있나요

내 마음에도
꽃처럼 촘촘한 삶의 풍요가
피어오르는 우리네 삶
시름 한 아름이 아니라

기쁨 한가득 촘촘하게
피어나는 행복이 오늘도
어제보다 활짝 떠오른
햇살처럼 그런 나날이기를
바라봅니다

산철쭉 피어난 풍성함처럼
오늘도 당신의 삶이
행복으로 피어나길 기도합니다

청명한 하늘

주위를 둘러보다가
하늘을 보았습니다.

두 손으로 움켜쥐는 생각해보다
청명한 하늘 위로
맑은 구름이 재롱을 떱니다

솜사탕 양손에 거머쥔
아이의 해맑은 미소 같은
구름입니다

잠시 뒤 불어닥친
먹구름과 소나기에 떠났지만
하늘과 구름은 언제나
친구인가 봅니다

라벤더 하늬팜에서

꽃으로 피어나
사랑스러운 향기를 풍기는
꽃이 어디 흔한가

바람에 불어와 부딪기는
내음에 마음 빼앗기기가 쉬운가

그대 보랏빛 사랑 황홀하도록
좋아하는 고성에서
라벤더 축제가 열리니
몸도 마음도 온통 라벤더 향에 취해
흥겨운 콧노래 울리니
평안이 무엔가 사랑이 무엔가
그대 좋아하는 색의 꽃으로 피어
라벤더 꽃으로 피어난다

달맞이꽃 보니

낮 달맞이꽃 피어난
울타리 보다가
나도 모르게 설렘처럼
두근두근합니다

때론 꽃이 사람보다 낫다는 생각
동물에 비유하는 것보다
꽃에다 비유하는 사람
그게 더 좋을 듯해서
그러면 나쁜 말 안 해도 될 거 같아
정해 보았습니다

그리움으로 떠오르는 그대
아마도 달맞이꽃인가 봅니다

코스모스처럼 (2)

그대 피어난 모습 너무 곱다

그 고운 모습처럼
우리도 곱기만을 바라보며
해맑은 웃음 지어 봅니다

꽃 피면 당신이 좋아할 거라
믿었건만 몸 아프니
마음도 아픈가 보다

해맑게 웃음 짓는 코스모스처럼
몸도 마음도 이쁘게 웃을 수 있었으면
그렇게 소나기 내리기 전
코스모스를 얼른 가슴에 담습니다

바램은 또 하나의 소망으로
이루어질 테니까요

양귀비 꽃밭에서

흐드러지게 피어나는
꽃을 보며, 바람을 기다립니다

내안에서 늘 하늘거리는
꽃의 향기는
바람과 늘 친구입니다

양귀비의 붉은 입술 같은
꽃잎이 오늘따라 더 붉은빛으로
빛나는 건 바람 따라
피어나는 기다림이겠죠

꽃밭에서 부는 바람과 함께
잠시 상상의 나래를 피우니
어느 틈엔가 꽃잎이 가슴에서
곱게 피어납니다

한적하니 좋아요

좋다는 것에는 이유가 있어요

살면서 이곳저곳
이런저런 이야깃거리가 있지만
짧은 시간 잠시라도
머물고 싶은 잠시 잠깐
생각이 필요한 때 찾을 수 있는 곳

길을 가다 문득
서툰 표현 꺼낼 수 있는
그럴 때 한적한 곳이 좋아요

내심 바라면서도
아니 그렇지 않더라도
찜찜한 마음 달래줄 상대의 배려가
다가서는 그러면서도
따스한 커피향에 마음 풀리는
그런 곳이 좋아요

우리의 삶과 생활 속에
작은 여유와 바램 나누고
누릴 수 있는 그랬으면 좋겠어요

꽃 피니 내가 핍니다

계절이 따스하니 꽃이 핍니다
내 마음이 고우니
고운 마음으로 꽃을 봅니다

환하게 웃는 그대도
꽃입니다

생각도 마음도 고우니
모든 것이 아름답고
모든 것이 꽃으로 피어납니다

오늘도 우리는 꽃으로 피어나는
사랑스러운 꽃이 됩니다

달맞이꽃

갖가지 꽃들이 시야를 즐겁게 하고
바람도 햇살만큼이나
뜨거운 오후입니다

무언의 사랑, 보이지 않는 사랑,
기다림 꽃에 걸맞은
꽃말의 달맞이꽃이 마치
나를 기다렸다는 듯
반가워합니다

기쁜 소식 주려나
누군가와 첫 통화를 하면
그날의 운세와 기쁨이 넘치듯
기다림도 마무리 지어지는
만남과 복된 사랑이 이루어진다면
좋을 것 같은 여름날입니다

행복도 기쁨도 결국은
기다림이라는 생각에 빠집니다

노란 낮 달맞이꽃이 소망으로
활짝 나를 반깁니다

비엔나 인형 박물관

평창에 갔다가
우연히 방문했던 그곳에는
문화와 추억 그리고
신기한 인형과 세계의 인형들이
잘 소장되어 볼거리와
신기함을 느낄 수 있었습니다

돌이켜 보니 어린 시절의 꿈도
소망들도 추억의 이야기들도
느끼고 누릴 수 있었습니다

여행은 먹고 마시고 즐기는 것만이
전부가 아니라는 생각
자연의 정취도 놀이도 좋지만
나름의 가치와 기억의 공간을
찾아보는 것도 연인이나 친구
가족에게 좋을 것입니다

이국의 정취도 추억의 인형과의

대화도 아름다운
기억으로 남습니다.

우리들의 행복을 위해서
다시 가보고 싶은 곳입니다

금계국 피어난 길

하루의 시작을 열며
당신은 무슨 생각을 하시나요

꽃길을 달리다가 우뚝
멈춰 서게 만드는 길
걷고 싶다는 생각 속에
그대의 모습이 떠오르는 길

가로수 길게 서 있던 그 길에
금계국이 활짝 피어 하늘거리고
상쾌한 기분이라는
꽃말처럼 아침이 상쾌합니다

아무도 없는 곳에서
작지만 소망 하나 끄집어내어
기도해 보는 길
그대와 걷고 싶은 길입니다

루드베키아처럼 (2)

우리는 살면서
저마다의 목적과 목표를 정합니다

그래서인지 꽃말이 예쁜
그대가 내게 다가섭니다

영원한 행복
그것은 우리의 바람처럼
늘 우리에게 주어진 행운이고
축복입니다

오늘도 운명의 주인은 나고
루드베키아는 내게
아름다움과 사랑을 부여해 줍니다

당신의 마음처럼
영원한 행복을 기원합니다

주님 이 땅의 정의를 세우소서

주님 6월 현충일입니다

피어난 장미의 붉은 꽃잎을 보며
이 땅의 건국과 독립의 이정표를
생각하고 다듬는 계기가 되게 하소서

수없이 많은 독립과 민주주의를
위한 희생과 피가
헛되이 되지 않도록
주님께서 지켜주소서

조국의 앞날을 위해
산화되어간 이들의 헌신과 기도가
이단과 해괴망측한 무리들의
집권의 야욕으로 훼손되지 않도록
오늘도 기도하는 자녀들을
깨우시고 정직과 질서
본분과 양심이 살아 숨 쉬는
대한민국이 되게 하소서

하나의 믿음과 하나의 사랑
하나의 신념이 존중받고
그 하나를 위해 조국의 뿌리가
든든하게 서게 하소서

조국과 민족을 위해 쓰러져간
호국영령과 그 유가족들
무참히 짓밟혀 죽어간 영령들의
건곤한 희생이 헛되이 되지 않도록
주님 우리를 위해 도와주소서

주님 홀로 영광과 찬미를 받으시고
그 그늘의 사악한 자들의 득세가
멸망함을 보여주소서

전능하신 하나님의 아들
예수 그리스도의 이름으로
기도드립니다 아멘

3장 사랑은 시로 승화되다

⋮

보신탕

예부터 보양식으로
이만한 것이 없다고 했지요

어느새 시대의 변화로 인해
집집마다 상전이 되어버린
애완견들이 그렇습니다

하지만 식용견도 있기에
음식으로 먹는 것을 탓하는 건
견자요 돈 자니라고 했죠

허해진 몸과 우정을 위해
일부러 찾아준 문우와 벗하며
먹고 보니 이만한 보양식도 없고
탓할 이유도 없다는 생각이 듭니다

언젠가 어른이 말씀하시던
기억이 내 그 나이가 되고 보니
납득이 되는 까닭입니다.

남강의 음식은 그 맛과

손길의 정성이 넘쳐 납니다

코스모스

하늘거리는 꽃 사이로
구름이 떠갑니다

나라 잃은 설움도 잊고
영욕과 치욕의 36년도
잊은 잘못된 인간들 덕분인가

코스모스가 웃고 있는 모습이
쓴웃음으로 비칩니다

마음 아픔이 짙어서인가
더욱 애절한 국민의 모습처럼
서글픈 모습으로 애처로운 오늘

흔들리는 코스모스에
슬픔과 분노가 가득합니다

어떻게든 우리의 후손들을 위해
저들의 질주를 막아야 하기에

간절한 기도 제목이 됩니다

생각해 보니

해를 거듭하며
나이만 먹는 것이 아니라
생각도 마음도 깊어집니다

내가 변하는 것은 시간 때문이 아닌
나를 위해 기도와 헌신을
아끼지 않는 사랑 덕분입니다

사람의 인성은 인격을 만들고
자신의 본분을 지키는 이는
사람을 구제한다는 생각입니다

아마도 정답이 없는 인생이 아니라
답을 구하지 않기 때문에
길을 찾지 못하고 허비하는 것입니다

우단 동자꽃

이슬비 내리는 날
곱고 고운 우단 동자꽃이 하늘거리며
춤을 춥니다

해를 바랐건만
비가 내려 흠뻑 젖어버린 가슴
마음속까지 젖어듭니다

당신은 나의 고귀함을 아나요
살짝 들려주는 우단의 목소리가
향기가 되어 날아듭니다

진정한 자유와 상식, 공정과 포용을
꿈꾸는 국민의 소망이 외침 되어
울려 퍼지고 있습니다

오늘이 아니더라도
우리에게 그런 날 오겠죠
희망 가득한 그날을 기도합니다

우단 동자꽃 바라보며

그렇게 기도합니다

클레 마티스처럼

당신의 마음은 진실로 아름답습니다

그런 꽃말이 어울리는 꽃처럼
그런 사람이 되고 싶습니다

항상 겸손하고 속 깊은
따스한 마음으로
상대를 이해하고 배려하는
그런 사람이 되고 싶습니다

거칠게 몰아치는 일상에서
온화함으로 미소 지어줄 수 있는
여유와 신비로움으로
분쟁과 상처를 어루만져 주는
견고한 인격과 풍성한 사랑으로
채워진 그런 사람이 되고 싶습니다

어제보다 나은 내일과 같은
성장으로 오늘을 소중히 만드는

그런 사람이 되고 싶습니다

커피 한잔 어때

흐린 날이 아니어도
왠지 그대가 생각납니다

고소한 커피 라테 오늘은
왠지 선선한 바람도 그립고
임 가시는 그 길에 날씨도 좋아
그래서인지 커피가 그립습니다

해 질 녘 성큼 다가서듯
전화해서 한잔하자던 시인의 이별
오늘은 그 모습을 그려보려 했는데
하트가 되었네요

잘 가세요 형님
그리울 거예요

장미의 계절

해마다 빼어난 모습으로
사랑스러운 자태를 뽐내는 그대

세상이 아무리 혼란스러워도
그댄 피어난 모습 자체로
사랑과 기쁨을 전해줍니다

숨겨진 가시야
내 손을 상처 낼지라도
가슴 깊은 아픔을 주지는 않으니
그것만으로도 고맙습니다

너와 나의 다른 점을 알려주듯
색상도 다르게 피어난 네게
오늘은 빨간 장미로
내게 남아 주기를 기도하며,
더 붉은빛으로 6월을 열어
열정으로 다가오기를 기도합니다

시인의 가는 길

- 서명창 시인을 보내며 -

갑자기 준비도 없이
뭐 그리 급하다고
노랗게 피어난 꽃잎 시들기도 전에
좋은 글 좋은 만남
해야 할 이야기도 아직 많은데

형님
고맙고 감사합니다

그러고 보니 제대로
변변한 인사도 못 드렸네요

가시는 하늘길에 동반은 못 해도
가시는 길에 꽃글로
인사를 전합니다

뭐 그리 급하게 가셨나요
아무쪼록 그곳에서나마
행복한 꿈과 글 많이 쓰세요

사랑하고 축복합니다
모든 것이 덕분입니다
고맙고 감사합니다

이별 한 스푼 삼아
형님 좋아하시던 녹차라테
뿌려 드립니다

금계국 피어

5월이 되니
노랗게 금계국이 산야에 피어
눈을 호강시켜 줍니다

예쁜 모습 예쁜 마음 예쁜 사랑
곱고 곱게 피어납니다

지나간 것은 돌이킬 수 없다지만
추억은 향기에도 피어나고
모습으로도 다시 되살아납니다

당신은 언제나
내 마음속의 금계국으로
피어납니다

유채꽃 축제

오늘의 들판에 피어난
향긋한 꽃 내음과 자연의 경관
제주의 유채가 고양시의 유채꽃으로
활짝 피었습니다

고즈넉한 밤
살랑 부는 바람 따라 꽃길을 걸으며
창릉천 변의 물 내음과 벗하며
꽃향기가 지천입니다

묵향의 불빛도 한껏 멋을 부리고
자연이 주는 선물에
밤하늘도 반짝입니다

도란도란 나누는
이야기와 포즈로 벽을 허물고
가정의 평안이 평화의 꽃을 피웁니다

장미의 노래

희고 노랗고 빨간 장미를
보는 것과는 다른
분홍빛에 시선을 빼앗겼습니다

알고 보니
빼앗긴 것은 시선뿐이 아니었죠

문득 떠오른 그대가 궁금하기에
소식을 전하려다 보니
글을 적어봅니다

건강도 평안도 행복도 가득하기를
그렇게 오늘은
분홍색 장미의 노래를 불러봅니다

나리꽃의 나래

내 안에 날마다 피어나는
꽃들이 나를 안다고 하지만
사실 아무도 알 수 없죠

왜냐고요
나도 나를 모르는데
어찌 누가 나를 안다고 하겠어요

나리의 생각과 마음도
난 알 수 없어요

왜 노랗게 자신을 피웠는지
다만 그 또한 하늘과 자연의 뜻
오늘 피어날 또 다른 꽃을
느끼고 판단하기엔
난 너무 많은 것을 모르거든요

그저 오늘 그대가 활짝
나래치는 모습에 반했을 뿐이랍니다

마거렛 꽃

내가 보고 있는 세상
흐트러지고 무너져 내리고
혹세무민한 이들이 짓밟고 있어도
입이 막히고 생각이 닫히고
화가 치미는 일들이 많아요

이런저런 걱정과 한숨으로
하루의 절반을 보내고
밥 먹고 나오니 환한 미소로
날 위로하는 그대가 있네요

마거렛 꽃향기 맡아보니
숨 쉬는 것만으로 감사하다는
그래서 기쁘다는 마음
한 아름 안고 위로받아요

잘나고 못난 것도
각자의 생각이고 판단이겠죠

해야 할 것을 하지 못하고
지켜야 할 것을 지키지 못하는
바보가 되기 싫다면
오늘은 마거렛 꽃을 보세요

작은 위로가 큰 기쁨을 줄 거예요

작약꽃 피어나듯

피어난 꽃이 수줍어한다는
말이 믿기지 않습니다

그대가 그렇습니다

화사하게 차려입고 안방마님으로
객을 맞이하듯
고풍스러운 자태로 앉은 듯한
모습만으로도
분홍빛 큰 잎 사이로
나를 다가오라는 당신

노란 꽃술 가득한 풍요
그 풍만함으로
화창한 여름의 태양을
끌어안듯이 곱기만 합니다

세월 앞에 장사가 없다고 하지만
사랑만큼은 청춘으로 되돌리는

마법의 지팡이인가 봅니다

장미의 계절

붉은빛의 사랑
타오르는 열정으로
꽃피우는 그대 모습은
아름답습니다

그래서일까요
오늘 그대를 보며,
내 마음이 끓어오릅니다

황혼으로 기울어져 가는
길목에서 그래도
늘 바라볼 그대가 있어서인지
가슴이 뛰고 있습니다

바람 따라 흔들리고
시간 따라 흐르는 계절 사이로
봄이 가고 여름 되듯이
우리의 사랑도 바램도
뜨거워지는 계절입니다

오월의 그 뜨거움으로

우리의 민주가 꽃피우기를 바라봅니다

봄날의 시화전

우리의 마음은
봄을 원합니다

세상이 흐트러지고
무너져 가는 세상을 보며,
우리는 아파하지만
시인은 표현하고
창작해야 예술인입니다

하나하나가 아름다운
봄날을 노래하고
작가의 마음은 푸르름에
꽃으로 피어납니다

고양시의 봄날은 고양국제꽃박람회
더불어 피어나는 시화로
꽃보다 아름다운 사람들의 세상을
만들어 내는 가온의 봄날을
활짝 피워냅니다

당신의 봄도 피울 수 있습니다

아카시아 필 때

한 아름 피어난 향기가
세상에 퍼져 갑니다

당신이 제게 전해주는 사랑
그것이 어느 순간부터
향기로 피어오릅니다

아카시아의 고운 모습
해마다 이때가 되면
꽃으로 피어
가슴을 설레게 합니다

어느새 달려드는 벌들도
그 향기 속의 꿀을 찾아
그대 품을 헤집어 듭니다

할 수만 있다면
나도 그대 품에 안기고 싶습니다

조팝나무 아래서

하늘이 높아 보이는 오후
무심코 올려다보니
쌀알이 익어갑니다

세상도 이렇듯 계절 따라
느낌 따라 변하는데

나라 안팎으로 부정과 적폐가
쌓여 가니 어쩌나요

국내 삼십대 기업 사외이사
절반이 검사 출신으로 채워져
부패와 부조리는 늘어가고
적법은 짓밟혀 밀실 경제가
정치를 조롱하고 국민은 실의에
빠져 늪처럼 허우적대다
죽어갈 것입니다

가진 자들은 법을 어겨도

돈으로 해결하여
보석으로 석방되고
없는 자들은 눈물과 한탄의
자괴감과 괴리에 쓰러져 갑니다

조팝나무를 보며,
배고팠던 시절을 기억합니다

이제라도 세상이 바뀌기를
기도해 봅니다
국민이 평화롭고 행복한 세상
그날이 하루속히 오기를 빕니다

토끼풀

네가 있는 곳에
언제나 내가 함께해

네 잎은 행운이라고
세 잎은 행복이라며,
내게 늘 미소를 주던 네가
오늘도 초록 잎을 안고 피어나

햇살 눈부신 날에
살포시 찾아오는 네가
오늘도 내겐 기쁨이고 감사라는 거

그래선가 봐
내가 웃음 지을 수 있는 거…

내 곁에 다가선 향기

도심 속에서 느끼기 힘든
아침의 사색을
잠시 나선 집 앞에서
얻게 되었어요

코끝으로 스며드는
라일락 향의 간지러움이
임의 편지처럼 다가섭니다

평안하신가요
반갑습니다
잘 지내시죠
문득 떠오르는 얼굴
미소 띤 모습이 낯설지 않게
다가옵니다

라일락 향기처럼
달콤한 안부를 물어 오듯이
삶은 늘 싱그러운

노크를 해옵니다

애기똥풀

노란 애기똥풀
이제나저제나 네 모습은
사랑스럽기만 하다

봄 넘어 여름의 초입에서
우리 아기 귀여운
네가 태어나 싼 똥 덩어리 같아

귀엽고 예쁘기만 했던
정겨운 그 시간
네 모습 떠오르는 꽃잎 바라보며,
미소 짓는구나

그렇게 너는 내게 희망과
사랑을 알게 해준 애기똥풀이다

나와 네가 다르다

사람아
우리가 같기를 바라는 것
그 또한 욕심이 아닐까

살면서 바라는 모두가
같을 수가 없듯이
나 또한 내가 모두
옳다고 생각지 않아

비가 오면 오는 데로
바람 불면 부는 데로
어둠도 빛도 그저 다가서는 대로
받아들이는 것
그것이 감사할 뿐이다

지나고 보니. 후회도
아쉬움도 그저 부질없다는 생각

나는 그저 모든 게 기쁘고

감사할 뿐이오

순응해야 할 일이더라
그것이 우리의 차이가 아닌가

무꽃 피어

피어난 무꽃이 아름다워
발길을 멈추어요

메밀꽃인가 하는 생각
그러나 자세히 보니 무꽃
우리네 인생도 같아요

자세히 보고 느끼지 않고는
혼란스러워요
바르지 못한 것을 파악한다는 것

조심스럽고 새김할 필요가 있죠
허세와 거짓으로 점철된
모순 같은 정치인들과
위정자의 궤변에 국민이 흔들리고
정권의 일방적 행태에
국민의 자존과 평화가
파괴되는데도 일방적 독주와
자화자찬은 국민을 혼동과

나락으로 빠뜨리죠

무꽃을 바라보며,
지혜를 얻고 논리를 바로 세우는
지각을 되찾아야 합니다
국민이 우선인 나라
민주주의가 바로 서는 그날을 위해
굳건히 기도합니다

북두칠성

늦은 밤 산책을 나선
평창 알펜시아의 정원에서
북두칠성을 볼 수 있었습니다

맑은 날씨와 공기 덕분에
눈도 폐부까지도 시원한 밤하늘
호젓한 산책로는
야경으로 화려한 불빛과
가로등의 빛이 밝았습니다

어둠 속으로 치닫는 국운을
걱정하는 한탄과 탄식이
전화기 속에서 펼쳐지는데
내가 할 수 있는 것은 부족함뿐
허탈함에 퇴색되어 가는 마음

이제 나라의 주권도 자존도
무너져 버리고
우리의 설 곳도 앉을 수 있는 곳도

모두가 사라진 화재 뒤의
집터의 보금자리 같습니다

누굽니까
누가 대통령에게 국민의 과거사와
주권을 대신하라 맡겼습니까

북두칠성이 하늘의 빛으로
우리의 갈 길을 비추는 밤
호젓한 산책로는 짙은
어둠이 깊이 지면서
정신 차리라고 일깨워줍니다

비구름이 걷히고

이틀간의 장대비가 그치고
세상은 맑음으로 돌아서려나 보다

해묵은 때 지우고
새로이 시작하는 마음처럼
그렇게 곱고 아름다운
아침을 열고 있다

하긴 우울함만 있다면
서글픈 마음처럼 비만 내린다면
어쩌겠는가

해도 돋고 기쁨과 유쾌함도
있어야 삶이지
언제고 환한 미소 같은
당신의 모습 만나는 그날을
오늘도 그렇게 바라본다.

비구름이 걷히고

햇살 피어오르는 아침 같은
그날 맞으며…

전범과 욱일기

- 6월 호국의 달을 맞으며 -

세상에 살다 보면
아는 것과 잊어야 할 것이 있다

때론 잊고 버릴 수도 있다
하지만 살면서 잊을 수 없는
아니 잊어서도 버릴 수도 없는 것
그런 것이 있다

전쟁을 일으키고
그 전쟁을 빌미로 약탈과
수탈을 일삼아 한민족의 역사와
존재에 상처를 주고
인간의 존엄성조차
무참히 짓밟고 뭉개버린 일본

하지만 그들은 아직도
사죄 없이 이웃이라는 빌미와
구실로 동맹이라는 명분을 요구한다

무엇이 선행되어야 하는지도
모르쇠로 일관하는 그들에게
아니 그들만의 우익이라는 이들
또다시 야욕을 숨기고
뻔뻔스럽게도 피해 국가에
욱일기 그들의 야욕의 깃발을 걸고
전범들의 함정을 끌고 나타났다

무엇을 해야 하나
그들을 바라보는 피해 국민들의
마음은 어때야 하는 걸까

민족적 자긍심과 긍지를 뭉개버리는
저들을 우리의 후손들에게
어떻게 설명해야 하는 걸까

피 흘려 죽어간 애국지사들과
선조들의 얼을
우리는 어찌 대하여야 하나

무심한 시대에 묻고 싶다

꽃 시인,

詩는 자연과 벗하는 사랑이다

발행일 2023년 9월 15일
발행인 김승호

발행 도서출판 다선
인쇄기획 도서출판 예술
등록번호 제2002-000080호(2002.3.21)
주소 서울시 마포구 양화로6길 9-24 동우빌딩 4층
연락처 010-2493-2232
E-mail gksh0691@hanmail.net

ISBN 978-89-5916-028-0 03810

다선 추천도서

꽃 시인의 희망, 사랑 이야기

김승호 지음 | 160면 | 10,000원

꽃 시인, 시의 향기를 노래하다

김승호 지음 | 184면 | 10,000원

꽃 시인, 시의 날개를 달다

김승호 지음 | 184면 | 13,000원

※ 위 도서는 대형 온라인 서점에서 구매하실 수 있습니다.

꽃 시인, 시의 시간을 되돌리다

김승호 지음 | 200면 | 13,000원

꽃 시인, 시는 자연과 벗하는 사랑이다

김승호 지음 | 184면 | 13,000원

시인 입문편 – 마음으로 쓰는 詩 창작

유경근, 김승호 편저 | 184면 | 13,000원

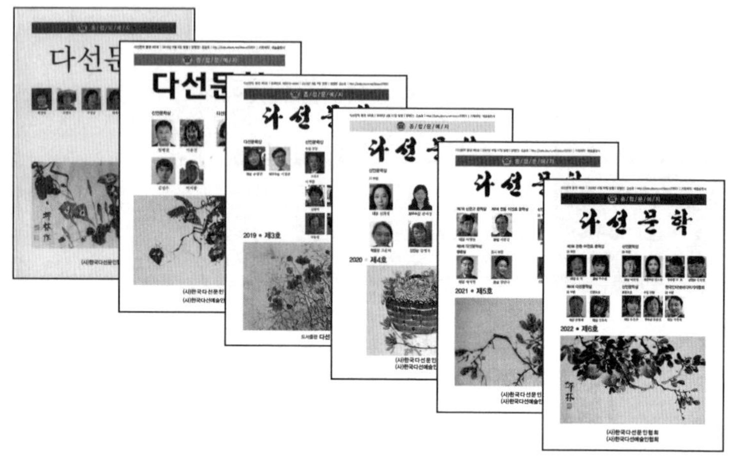

종합문예지 다선문학

(사)한국다선문인협회, (사)한국다선예술인협회 | 발행인 김승호

「다선문학」은 (사)한국다선문인협회의 종합문예지이다. '한국다선문인협회'는 인문학의 발전과 문학의 저변 확대로 한국 문단 부흥의 초석이 되고자 하는 목표를 가진 단체로, 신인작가 양성과 입문의 역할을 담당하는 동시에 기성 문인들의 복지를 향상하고 지위를 공고히 하는 데도 힘쓰고 있다. 「다선문학」에서는 다선문인협회 작가회 회원들의 시와 수필 작품들은 물론 다선예술인협회 작가들의 그림 · 사진 작품 등도 함께 선보이며 다선문학상 당선 작가들의 시, 수필, 평론 등과 초대작가들의 작품들도 만나볼 수 있다.